Dieses Buch ist von:

____

für:

____

Vorwort

In Zeiten der Digitalisierung und Onlineshopping, sind persönliche Geschenke eine wahre Rarität geworden. Aber wie kann man ein persönliches Present erstellen, das den heutigen Erwartungen von Ästhetik und Nutzen gerecht wird? Geschriebenes kann schnell verknüllt werden und Gebasteles endet als Staubfänger.

Ein unelektronische Form der Erinnerungen

Genau hier setzt unser 'Write and Give' Buch an. Eine Schrift voller persönlicher Erinnerungen um beim lesen in der Vergangenheit zu schwelgen oder für gelegentliche Schmunzler.
Verschenke Erlebtes in Textform und zeige der Person, die du liebst wie viel sie dir bedeutet zusammengefasst und gebunden mit ansprechendem Cover in diesem Buch.

Wir wünschen euch beiden, dem Schenkenden und dem Beschenkten, viel Spaß mit diesem Journal und hoffen, dass so manch vergessene Momente wieder aufleben können.

Anwendung für den Schenkenden

Arbeite dich Stück für Stück durch das Buch und fülle es mit Erinnerungen, Wünschen oder Zeichnungen. In dem Buch findest du Buchstaben-Seiten und Seiten mit Fragen. Deiner Vorstellung sind keine Grenzen gesetzt wie du enstsprechende Stellen befüllst.

Nehme dir also viel Zeit und mache das Buch zu einem persönlichen unvergesslichen Gesschenk.

  Urlaubserlebnisse

Zwischen uns liegen xx Jahre auseinander  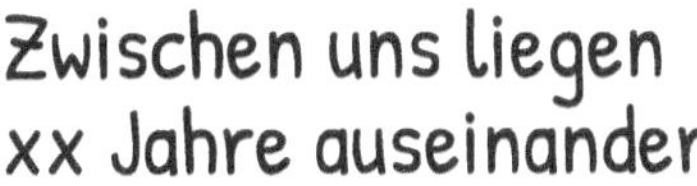 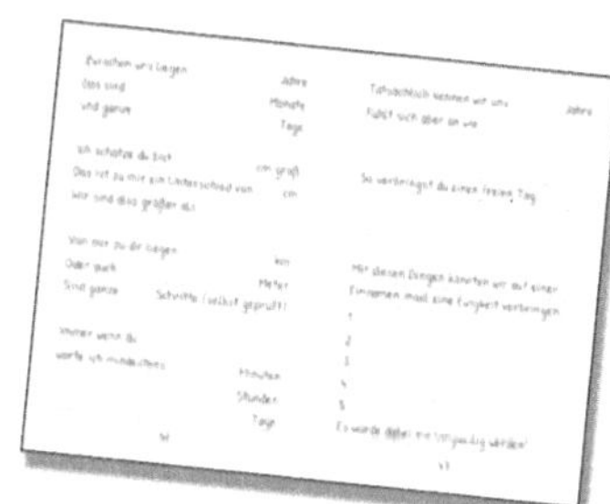

Anwendung für den Beschenkten

Lese dieses Buch mit allergrößter Sorgfalt und denk daran wie viel du der Person bedeutest, die dir dieses Buch geschenkt hat. Viel Spaß!

Jedem **Anfang** wohnt ein
Zauber inne!

Hermann Hesse

Besondere Menschen erkennst du daran, dass sie dich berühren ohne ihre Hände zu benutzen.

Unbekannt

Gib jedem Tag die **Chance**
der schönste deines
Lebens zu werden.

Marc Twain

— 14 —

Wir kennen uns von:

Weißt du noch als...

Das mochte ich sofort an dir:

Dinge, die wir früher gerne gemacht haben:

Meine schönsten Erinnerungen mit dir...

Ich bin dir dankbar für:

Freude ist die einfachste
Form der **Dankbarkeit**.

Karl Barth

Ehrlichkeit verschafft dir vielleicht nicht viele Freunde, aber dafür die richtigen.

Unbekannt

"

Freundschaft das ist eine
Seele in zwei Körpern.

Aristoteles

Deine Lieblingssongs:

Filme, die du besonders magst:

Deine Hobbys sind:

Am liebsten isst du:

Deine Lieblings Reiseziele:

So verbringst du einen freien Tag:

Lieblingsfarbe, -tier, -jahreszeit:

Dein größter Traum ist:

"

Das **Glück** kommt zu denen, die lachen.

Japanische Weisheit

„

Man sieht nur mit dem **Herzen** gut. Das Wesentliche ist für die Augen unsichtbar.

Antoine de Saint-Exupéry

"

Du und **ich**: wir sind eins.
Ich kann dir nicht wehtun
ohne mich zu verletzen.

Mahatma Gandhi

Zwischen uns liegen _______________________ Jahre

Das sind _______________________ Monate

und ganze _______________________ Tage

Ich schätze du bist _______________________ cm groß

Das ist zu mir ein Unterschied von _______________________ cm

Wir sind also größer als _______________________

Von mir zu dir liegen _______________________ km

Oder auch _______________________ Meter

Sind ganze _______________________ Schritte (selbst geprüft)

Immer wenn du _______________________

warte ich mindestens _______________________ ☐ Minuten

☐ Stunden

☐ Tage

Tatsächlich kennen wir uns   Jahre

Fühlt sich aber an wie

Was wir am liebsten gespielt haben:

Mit diesen Dingen könnten wir auf einer

einsamen Insel eine Ewigkeit verbringen:

1.

2.

3.

4.

5.

Es würde dabei nie langweilig werden!

"

Es sind nicht die **Jahre**
deines Lebens, die zählen.
Was zählt ist das Leben
innerhalb der Jahre

Abraham Lincoln

,,

Freundschaften sind wie Brücken, die uns mit all Ihrer **Kraft** über die Höhen und Tiefen des Lebens tragen.

Unbekannt

"

Die wirkliche **Liebe** beginnt da, wo keine Gegenliebe mehr erwartet wird.

Antoine de Saint-Exupéry

Zeichenrunde: Male in die freien Felder um
an ein Erlebnis oder einen Insider zu erin-
nern. Erlaubt ist alles. Von Kunstwerken
Bis hin zu einfachen Symbolen. Es sind der
Kreativität keine Grenzen gesetzt.
Der Beschenkte hat daneben Platz um zu
erraten, was gemeint ist.

"

Mut steht am Anfang des Handelns, Glück am Ende.

Demokrit

> "

Bleib in der **Nähe** von Menschen, die sich wie Sonnenschein anfühlen.

Unbekannt

Eine Welt **ohne** Freundschaft
ist eine Welt ohne Sonne.

Monika Minder

Persönlichkeiten, nicht Grundsätze, bewegen das Zeitalter.

Oscar Wilde

Das waren wir früher:

Das sind wir heute:

Die **Qualität** eines Menschen hängt entscheidend von seiner Echtheit ab.
Jürgen Seifert

> Was wäre das Leben, wenn wir nicht den Mut hätten etwas zu **riskieren**?

Vincent van Gogh

"

Einen **sicheren** Freund
erkennt man in unsicherer
Sache.

Cicero

,,

Ein **Tag** ohne
ein Lächeln ist
ein verlorener Tag.

Charlie Chaplin

Eine Geschichte, die ich dir schon immer
beichten wollte:

,,

Um etwas Großes zu erreichen,
darf man nicht vergessen,
den kleinen Dingen sein
Herz zu schenken.

Unbekannt

Im Grunde sind es doch **Verbindungen** mit Menschen, die dem Leben seinen Wert geben.

Otto von Bismarck

Ein bisschen Freundschaft ist mir mehr **Wert** als die Bewunderung der ganzen Welt.

Wilhelm von Humboldt

Wenn du ein Superheld wärst, dann wärst du:

Das liebe ich an dir:

Darüber spreche ich mit dir am liebsten:

Diese Farbe steht dir besonders gut:

Du bist ein guter Mensch, weil:

Hierbei bist du ganz klar mein Vorbild:

An dich muss ich immer denken, wenn...

Das sollten wir öfter tun:

"

Wenn du nicht vergeben
kannst, vergiebst du zu viel.

Xavier Naidoo

"

Zusammen werden wir immer mehr sein als die Summe unserer Teile.

Paul **Young**

Zufriedenheit ist ein stiller Garten, in dem man sich ausruhen kann.

Markus Weidmann

Ich hoffe, dass wir in 10 Jahren....

Auf folgendes Ereignis freue ich mich:

Ich hoffe, dass wir in 10 Jahren....

Wenn wir beide alt sind sollten wir:

Das wünsche ich dir von ganzem Herzen:

Vielen Dank!

Wir hoffen, dass euch das Buch gefallen hat.
Über eine Bewertung oder Verbesserungs-
vorschläge würden wir uns sehr freuen!

Impressum:

Lem N Lov Publishing
vertreten durch:
Julia Kirberger &
Oliver Al Kass
Alle Rechte vorbehalten.

julia.kirberger@gmail.com
oliver.alkass@gmail.com
Landauer Straße 3
67346 Speyer

www.ingramcontent.com/pod-product-compliance
Lightning Source LLC
Chambersburg PA
CBHW031744150726
47989CB00006B/2583